Antarswar- Meri Bhavnayen

Srijan

P V Sridhar

BookLeaf Publishing
India | USA | UK

Made with ❤ on the BookLeaf Publishing Platform
www.bookleafpub.in
www.bookleafpub.com

Dedication

यह पुस्तक मैं अपने माता पिता को समर्पित करता हूँ , जिनके स्नेह, त्याग, और
संस्कारों ने मुझे जीवन के सभी पहलुओं से अवगत कराया।
अपने गुरुजनो को,जिन्होंने मेरे विचारों को समझा और उचित मार्गदर्शन दिया।
मेरे मित्रों को, जिनकी हँसी, साथ और विश्वास ने हर कठिन पल को सरल बना दिया।
और उन सभी लोगों को, जिनसे मैं अपने जीवन की यात्रा मैं मिला,
हर मुलाकात, हर अनुभव ने मुझे कुछ न कुछ सिखाया,
मुझे बनाया, सँवारा, और आज मैं जो हूँ, बनने मैं योगदान दिया।

Preface

यह काव्य-संग्रह मेरे जीवन की समझ, मेरे मूल्यों और मेरे विचारों का एक विनम्र प्रतिफल है। इन कविताओं मैं शब्द केवल अभिव्यक्ति नहीं, बल्कि मेरी अनुभूतियों की सचाई, मेरे अनुभवों की गहराई, और मेरे अंतर्मन की प्रतिध्वनि हैं।

यह रचनाएँ भावनाओं की ऐसी बुनावट हैं, जिसमे आनंद और वेदना, आशा और निराशा , विजय और पराजय, मेरी अनुभूतियाँ - सबका समावेश है। हर कविता मेरे भीतर के उस संवाद को हिस्सा हैं, जो समय-समय पर जीवन से प्रश्न करता है, उसे समझने को प्रयास करता है और अंततः स्वयं को खोजता है।

यह संग्रह जीवन की ऐसी तस्वीर प्रस्तुत करता है, जिसमे अनेक रंग और अनेक छायाएँ - कुछ धुंदली, कुछ उजली , कुछ हलकी और कुछ गहरी। हर रंग अपने आप में एक कहानी कहता है, हर छाया एक नया अर्थ देती है।

यदि इन शब्दों में आपको अपने जीवन की झलक मिले, अपनी भावनाओं की प्रतिध्वनि सुनाई दे, तो यही मेरे इस प्रयास की सच्ची सार्थकता होगी।

Acknowledgements

इस काव्य-संग्रह के सृजन में सहयोग और प्रेरणा देने वाले सभी लोगों के प्रति मैं ह्रदय से आभारी हूँ।

मैं अपने माता-पिता, मेरी जीवनसंगिनी, मेरे पुत्र, गुरुजनो और मित्रों को विशेष आभार व्यक्त करता हूँ, जिनके प्रेम, विश्वास और मार्गदर्शन ने मेरी लेखनी को स्फूर्ति प्रदान की और उसे एक दिशा दी।

साथ ही, जीवन मैं मिले हर अनुभव और हर उस व्यक्ति को धन्यवाद, जिन्होंने मेरे विचारों और भावनाओं को समृद्ध किया।

अंततः स्वयं को क्यूंकि यह कवितायेँ मेरी सोच, मेरे अनुभवों और मेरी भावनाओं का "सृजन" है।

Acknowledgement

[illegible]

1. Maata

अकिंचन जीवन पर्यन्त रहा मैं,
तुम गौरव-गरिमा विलसित रहीं।

प्रणय निवेदन करता रहा मैं,
तुम स्नेह-प्रणय की निवेदिता रहीं।

भक्ति-पुष्प अर्पित करता रहा मैं,
तुम मालिनी-सी पुष्प-रंजीता रहीं।।

स्तोत्रों से गुणगान करता रहा मैं,
तुम गान-आत्मा मैं अवलीन रहीं।

चक्षुओं से सृष्टि अवलोकन करता रहा मैं,
तुम दिव्य -दृष्टि से जग -वितता रहीं।

तुम्हारी भक्ति मे अयोग्य रहा मैं,
परमेश्वरि तुम भक्त- प्राणिता रहीं।

पूर्ण हो यह भक्ति-वंदना अगले जनम के फेरों में पुनः ,
मुझे अपने गर्भ में धारण करना,
क्यूंकि सदा तुम ही मेरी माता रहीं।

2. Naari

तुम जगत-जननी, तुम जगत-वन्दनी,
तुम करुणा की प्रतिमूर्ति हो।
धैर्य और साहस की परिभाषा तुम ही,
तुम देवतुल्या, हे नारी हो।

कभी मातृरुपा बन नवजीवन का संचार करती,
कभी भगिनी बन भ्रातृ-हृदय में निश्छल प्रेम भरती।
कभी अर्धांगिनी बन अपूर्ण नर जीवन को पूर्ण करती।
कभी नन्ही-सी पुत्री बन वक्ष से लिपट जाती हो।
सर्वरूप समन्विता तुम, तुम देवतुल्या, हे नारी हो।

हो शक्ति का रूप, हो नाम के अनुरूप,
न अरी , न कोई शत्रु जिसका।
अतुलिता, अवर्णिता, सृष्टि-स्वरूपा,
तुम देवतुल्या, हे नारी हो।

3. Shabdon Ka Shilpi

अपने मस्तिष्क की धरा पर,
मैं स्मृति बीजों के अंकुरों से
कविताओं की रचना करता हूँ।

मैं शब्दों का शिल्पी हूँ ,
शब्दों के शिल्प रचता हूँ।

शब्द-शब्द जब शिल्प बनते है,
हृदय की अनगिनत इच्छाओं को स्वर देते हैं।
मेरी विजय, मेरी अविजय,
मेरे कामनाओं की पूर्ति और अपूर्ति,
सब उनमे प्रतिबिंबित हो उठते है।

मनःस्थिति और मनोवस्था के बीच
एक सूक्ष्म संवाद चलता है,
सिमित शब्दों मे सिमटकर भी
असीम अर्थों मे विस्तार पा जाता है।

हर क्षण, हर विचार,
एक नए सृजन को आह्वान करता है -
और मैं, उसी पुकार के उत्तर मे,
नित नए शब्द शिल्प गढ़ता हूँ।

क्यूंकि मैं शब्दों का शिल्पी हूँ ,
शब्दों के शिल्प रचता हूँ।

4. Maa- Srijan Ka Swarup

सृजन माँ है, साकार स्वरुप माँ है,
जड़ में माँ, चेतन में भी रूप माँ है।
इस अनंत सृष्टि का जो आधार है,
हर कण में विद्यमान वही माँ है।

उचश्वास में माँ, निचश्वास में माँ,
विचारों की धारा, हर आभास माँ है।
वाणी के स्वर में, स्पंदन के संग,
नाड़ियों में बहता हर संवेग माँ है।

देव भी माँ है, देवी भी माँ है,
स्त्री स्वरुप का मूलाधार माँ है।
जो आधार बनी इस सृष्टि के लिए,
वह अनंत, वह आदिशक्ति माँ है।

स्त्री में पूर्ण साक्षात्कार उसका है,
हर रूप में छिपा विस्तार उसका है।
पुरुष यदि सृजन की एक कड़ी है,
तो सृजनकर्ता का विस्तार माँ है।

5. Jeevan ki Sarthakta

इतनी शक्ति देना प्रभुवर,
जीवन निरर्थक ना हो पाए।
जीवन की सार्थकता तभी,
जब जीवन किसी के काम आए।

सुख-दुःख हैं दो तट जीवन के,
हम मधुर बहती धारा बन जाएँ।
सबके दुःख-सुख बाँट सकें हम,
किसी के दुःख का कारण ना बन जाएँ।

सब के लिए मार्ग प्रशस्त करें हम,
ना कभी अवरोध किसी का बन जाएँ।
यदि कोई गंतव्य से भटक गया हो,
तो हम उसका मार्गदर्शक बन जाएँ।

हर जीव का अंतिम सत्य है मृत्यु,
हम उस भय से निर्भय हो जाएँ।
जीवन की सार्थकता तभी है,
जब हम स्मृति में भी मुस्कान बन जाएँ।

6. koi Hai

सुबह कोई, शाम कोई, रात कोई-
क्या यह सब यूँ ही होता है कायनात में ?
या इन सबके पीछे भी,
इनको करने वाला है कोई ?

कसमे कोई, वादे कोई , प्यार कोई -
क्या यही रिश्तों को बांधते हैं ?
या इन सबसे बढ़कर भी
कहीं अदृश्य बंधन है कोई?

गली कोई, कूंचा कोई, मकान कोई -
क्या यहीं बसते हैं लोग सभी ?
या सर छुपाने से भी आगे
कहीं ठिकाना है कोई?

मंदिर कोई, मस्जिद कोई, गिरिजा कोई -
क्या वह इन्ही में सीमित रहता है ?
या ऐसी भी कोई जगह है
जहाँ उसे दीवारों की जरूरत नहीं कोई?

कभी इस नाम से , कभी उस नाम से -
क्या वह नामों में बंधा रहता है ?
या ऐसा भी कोई अस्तित्व है
जिसमे नाम का ना हो दायरा कोई ?

ये लिखा, ये पढ़ा, ये कहा-
क्या ये जज्बात मेरे हैं ?
या कलम मेरे हाथों में थमाकर
मुझसे ही लिखवाता है कोई?

मैं कोई, मेरा कोई,-
हर पल ढूंढ़ता हूँ मैं किसी को।
ऑंखें बंद करके जब झांकता हूँ अंतर मैं,
मेरा मुझसे ही साक्षात्कार कराता है कोई।

7. Jeevan Ko Jio

कभी तो खुल के जिओ,
कभी तो जीवन को करीब से देखो।
कुछ मीठा है, कुछ कड़वा है -
जीवन के हर जाम का घूँट- घूँट पीकर देखो।

समय यूँ ही बीतता जाता है,
बंद मुट्ठी से फिसलते रेत की तरह।
समय की नज़ाकत को समझो,
हर पल मैं जीवन है- हर पल को जीकर देखो।

महकता है फूल गुलशन मैं रहके,
सभी फूलों के संग मुस्कुरा कर देखो।
जीवन की खुशबू को अपने भीतर बसाकर,
जीवन को भी महका कर देखो।

जीवन की सौगात, जीवन के लिए,
किसी वरदान से काम नहीं।
कभी अपनी ही ज़िन्दगी से ऊब जाओ,
तो गैरों के लिए जीकर देखो।

8. Jeevan Ke Rang

ख़ज़ाने सी यादों में अनगिनत पल से हैं,
हर एक में छुपे अपने किस्से, अपने रंग बसे हैं।

यह लम्हे ही तो हैं जो अतीत का रूप बनाते हैं,
जीवन की चादर में धागों से जुड़ते जाते हैं।

हंसी की वो गूँज, वो बातें पुरानी,
जैसे फिर से सजी हो कोई शाम सुहानी।

साथ बिताये पल दिल के करीब रहते हैं,
यादों में सभी चेहरे अज़ीज़ रहते हैं।

ये यादें सिर्फ बीते हुए दिन नहीं,
ये हमारी पहचान है, हमसे जुदा नहीं।

हर एहसास, हर रिश्ता इनमे समाया है,
इन्ही ने तो " आज का मैं" बनाया है।

बचपन की मासूमियत, जवानी के अरमान,
दोस्ती की गर्माहट, रिश्तों की पहचान।

हर याद एक मील का पत्थर बन जाती है,
जीवन की राहों को नयी दिशा दिखाती है।

यादें ठहरती नहीं, पर साथ निभाती हैं,
तन्हाई मैं चुपके से दिल को सहलाती हैं।

ये सिर्फ लम्हे नहीं, आत्मा की आवाज़ें हैं ,
हमारी पूरी कहानी का यही अंदाज़ बताती है।

और यूँ ही हर दिन नयी यादें बनती जाती हैं ,
जीवन की चादर को और रंगीन बनाती जाती हैं।

9. Ankahi Si Tum

सुबह की ओस की बूदों मैं ,
शाम के धुंदले अंधेरो मैं,
परेशां रातों के सायों में ,
एक उम्मीद की किरण हो तुम।

मेरे दिल के कोने मैं,
मेरे मासूम सी चाहत मैं,
साँसों के उतार चढ़ाव मे,
मेरे आँखों की चमक हो तुम।

मेरी कविताओं मे,
मेरी कही बातों मे,
हर अक्षर के भाव मे,
मेरी प्रेरणा हो तुम।

मेरी दुनिया के घेरे मे,
कई अजनबी चेहरों में,
मुझे अपना सा लगता है ,
वही चेहरा हो तुम।

मेरी अच्छाई में,
मेरे अहसासों की पवित्रता मे,
मेरा दायित्व और,
मेरे प्यार हो तुम।

10. Tera hi Aagosh Hai

सारा मंज़र गहरा है, यह फ़िज़ा खामोश है,
जाती हैं निगाहें जहाँ तक मेरी, तेरा ही आग़ोश है।

पूछते हैं लोग मुझसे, निगाहें क्यों मेरी भारी सी हैं,
तेरे नाम की जबसे पी है मैंने, तबसे निगाहें मदहोश हैं।

चाहने वालों को है गिला, उनके लिए नहीं कोई जगह ,
पर जहाँ तू और मे हो रूबरू, वो जगह फिरदौस है।

अब तक नहीं हुए रुसवा, मुलाक़ातों का दौर जारी है,
हम दोनों की चाहत से न-आगाह, शायद जमाना बेहोश है।

कहते हैं की चाहत मे कई जिंदगियां बर्बाद हैं,
खुद को हवाले करके तुम्हारे, बुलंदियों को मैं हूँ छू रहा,
यही मेरी हकीकत, बस यही मुझे होश है।

11. Adhuri Nahin Yeh Kahani

आज जा रहा हूँ तेरी गलियों को छोड़कर,
रास्ते बना रहा हूँ मंज़िल को छोड़कर।

हर रह पर कारवां है, हर मोड़ पर हुस्न है,
कैसे देखूं, और किसी को तुझको छोड़कर।

ले जा रहा हूँ साथ, तेरे यादों की खुशबु,
दिल को संभाल रखा है खुद से जोड़कर।

वक़्त कितना ज़ालिम है, लाता है उस मोड़ पर,
इंसान जीता रहता है रिश्ते सब तोड़कर।

वादा है मेरा लौट आऊंगा तेरी ही बस्ती मे एक दिन,
दुनिया के सारे रास्तों को अपनी ओर मोड़ कर।

12. Zindagi Zaruri Hai Abhi

तन्हाई काम करने के लिए जिंदगी में,
एक दोस्त जरूरी है अभी।

इस उदास दिल को खुश करदे,
ऐसा हमदर्द जरूरी है अभी।

अब तक हम कांटो भरी राहों से गुजरते थे,
हर राह पर चलने के लिए फूलों का साथ जरुरी है अभी।

मन में कुछ लकीरों से तस्वीर बन गई हैं,
उन तस्वीरों में रंग भरना जरुरी है अभी।

ख़यालों में हमने बहुत सी बातें की हैं,
पर दुनिया के लिए एक मुलाकात ज़रूरी है अभी।

निराशा तो मानो जीवन का अंत है "सृजन",
जीने के लिए ज़िन्दगी में उम्मीद ज़रूरी है अभी।
जिंदगी ज़रूरी है अभी।

13. Yaadon Ki Galiyan

जिन राहों पर तुमने कभी कदम रखे थे
आज उन्ही राहों में बेखबर-सा बैठा हूँ
शायद कभी फिर तुम इन्ही रास्तों से गुजरो
इसी इंतज़ार में आँखें बिछाये बैठा हूँ

तुम्हे खत लिख-लिख कर अपने ज़ज़्बात बयां करता रहा हूँ अक्सर
तुम कभी आकर इन बंद लिफाफों को खोलोगी
बस यही अरमान सजाये बैठा हूँ

दिल उदास है तुम्हारे पास न होने के ग़म में
तुम्हारे साथ गुज़ारे हुए हसीन लम्हो की यादों से
अपने दिल को बेहलाये बैठा हूँ

न तुम्हारी कोई निशानी है, न तुम्हारे रास्तों का पता
वो पुरानी गालियाँ जहाँ तुम कभी रहती थीं
वहां से आने वाली हवाओं में
तुम्हारा एहसास जगाए बैठा हूँ

14. Ek Aur Lifafa

मैं उस गली से गुजरा तो अजीब सा सन्नाटा था,
हर दीवार पर जैसे ख़ामोशी का पहरा था।

एक घर था वहाँ -अजनबी हो कर भी अपना सा,
दिल ने जाने क्यों उस घर को दिल के करीब पाया था।

देहलीज़ लाँघ कर जब उस कमरे मैं पहुंचा मैं,
वक़्त ठहरा हुआ था, हर मंज़र भी ठहरा था।

मेज़ पे एक लिफाफा था, नाम लिखा था मेरा,
जैसे किसी ने मुद्दतों से मुझे वहीँ पुकारा था।

खोला जो उसे तो कुछ बिखरे हुए कुछ पन्ने मिले,
हर लफ्ज़ मैं छुपा एक अधूरा सा अफसाना था।

जोड़कर देखा तो जाना - वो मेरा ही लिखा था,
एक ख्वाब, जो मुकम्मल न हुआ, बस बहाना था।

मैंने उन पन्नों को चुपचाप वहीँ दफना दिया,
जैसे दिल ने अपने ही दर्द को किनारा दिया।

मगर जाते-जाते फिर उसी मेज़ पर
एक और लिफाफा रख कर आया हूँ मैं -

अबकी बार अगर तुम आओ, तो उसे खोल लेना,
शायद इस बार कुछ अलफ़ाज़ तुम्हारे लिए भी छोड़ आया था।

15. Ek Khwab

एक खूबसूरत सा ख्वाब देखा है,
सुबह हुई, पर आँखों से उतरा नहीं,
जैसे कोई मीठा-सा बुखार हो -
जो दिल से कभी उतरा नहीं।

जलते दीयों की लौ-सी वो ऑंखें,
झुक-झुक कर उठतीं तो दुआ लगें,
उनमे छुपा नूर कुछ ऐसा
जैसे रौशनी का जहाँ बसा लगे।

नक़्श-ओ-निगार जैसे तराशे हुए ,
जब वो छु ले पूरे बदन को,
साँसों की गर्माहट में जैसे
एक अनकहा एहसास बसा लगे।

होंठ खिलें तो जैसे गुलाब मेहकें,
शर्मायें तो रंग और गहरा हो जाए,
और जो होठों की हलकी सी छुअन गालों पर ठहरे,
तो दिल मैं इक हलचल-सी रह जाए।

गर्दन पर बिखरे खुले हुए बालों का वो रंग,
जैसे रात का दिन से मिलना,
पहली बार ऐसा मंज़र देखा
जैसे ख्वाब का सच मैं खिलना।

सीने से लग जाए तो लगता है,
किस्मत को भी उस पल से रश्क़ हो जाए,
उस एक आलिंगन मैं जैसे
फिर इंसान होना मुकम्मल हो जाए।

16. Aakhir Kyun

दीवार पर तस्वीर लगी हुई है, रंग बिखरे हुए हैं क्यों ?
होटों पर तबस्सुम है, मगर आँखों में शिकन है क्यों?

कुछ छुपाने की चाहत है, पर हकीकत सामने आ जाती क्यों?
दुनिया से तुम लाचार हो, हमसे यह नादानी क्यों?

माना ज़माने पर यकीन नहीं है , पर हम पर यकीं नहीं है क्यों?
सबसे ईमान की आरज़ू है , हम से यह बेईमानी क्यों?

चुप रहने से क्या मिलता है, ख़ामोशी में चीख है क्यों ?
अँधेरी रात भी गुजर जायेगी, सुबह घर से नहीं निकले क्यों ?

छोड़ो भी यह झूटी मुस्कराहट, आंसू नहीं बहाते क्यों ?
मैं मिलूंगा उसी मोड़ पर तुमको, मुझे आवाज़ नहीं लगाते क्यों?

17. Tum - Meri Bandagi

जुल्फों में चांदनी की चमक उतर आई,
शाम-ए- हयात में यूँ बिखरने लगी हो।

चेहरे पे तजुर्बों की लकीरें है मगर,
इन लकीरों से और भी उभरने लगी हो।

पहली मुलाकात का वो जादू है अभी,
हर नई नज़र में फिर उतरने लगी हो।

मेरे बच्चे की माँ बनके तुमने जानाँ,
मुहब्बत की हर सूरत में उतरने लगी हो।

चाहत तो थी ही दिल मैं बरसों से
अब मेरी बंदगी सी ठहरने लगी हो।

इश्क़ का रंग कुछ इस तरह गहरा है की तुम,
रूह में मेरे चुपके से बरसने लगी हो।

18. Dil ka Masoom bacha

दिल के किसी कोने में एक बच्चा सा रहता है,
जो भी कहता है, बस सच्चा ही कहता है।

चांद को मामा कहे , तारों को परियों का घर,
हर अजनबी चेहरे को भी अपना कहता है।

दिल पर लगी हर चोट को चुपचाप ही सहता है,
आंखों से कम, खामोशी से ज्यादा कहता है।

बचपन से दामन छूटा, मुद्दत गुजर गई,
फिर भी हर ख्वाब में वो बचपन ही रहता है।

तन्हाई के साए में जब दिल घबराता है,
"मुझे मरने ना देना"-बस इतना सा कहता है।

"सृजन" दिल की आवाज को यूँ दबने न देना,
ये बच्चा ही है जो तुझसे सच्चा कहता है।

19. Kora Kagaz aur Tum

मैं था कोरा कागज, कलम थी, और तन्हाई थी ,
ख्यालों की वादियों में तेरी ही रौनाई थी

शाम का मंजर था, घिर आई थीं काली घटाएं
बूंद की हर इक सदा में तेरी गहराई थी।

ऊंचे दरख्तों तले, हरियाली की नर्म छांव में,
हवाओं की हर मुस्कान में तेरी परछाई थी।

ढलता हुआ सूरज, समंदर, और चांदनी की आहट
रात की हर खामोशी में तेरी अंगड़ाई थी।

जब भी तुझे सोचा, ख्वाबों ने रूप लिया ऐसा,
मेरा हर एक ख्याल में तेरी ही सच्चाई थी।

20. Yaadon ka Saaya

कभी दिल के किसी गोशों में झाँका तो होगा
कोई जाना-सा चेहरा उभर आया तो होगा।

जिसे भूलने में लगे थे जमाने तुमको,
वो तेरी आंखों के आगे कभी आया तो होगा।

उसके गुजरे हुए कल का ख्याल आया जब,
"किस हाल में होगा वो?" दिल घबराया तो होगा।

तड़पकर कभी खोले होंगे पुराने खत तुमने,
कोई लफ्ज़ -ऐ -मोहब्बत हाथ आया तो होगा।

वो बदनसीब जो कहा ना सका अपने जज्बात,
सोच कर उस पे कभी गुस्सा भी आया तो होगा।

पल दो पल ही सही, उसके हालात पे ठहरे,
उसके नाजुक से हालात पे तरस आया तो होगा।

बरसों बाद उसकी कोई निशानी जो मिली ,
उसके करीब होने का एहसास छाया तो होगा।

जब मिली फुर्सत तुझे उससे मिलने की कभी,
उसकी कब्र पे जाकर तू रोया तो होगा।

21. Kya Accha Hai

सीखना अच्छा, सिखाना भी बहुत अच्छा,
जो दिल में घर न करे, उसे भुलाना अच्छा।

गली अच्छी, किसी घर की दहलीज भी अच्छी,
जहाँ ना हो कोई हमदम,वहां न जाना अच्छा।

तस्वीर- ए- दिल को सलीके से सजाना अच्छा,
जिसकी आंखों में शिकन हो, उसे मिटाना अच्छा।

मैंने चाहा जो उसे, उसका ही पाना अच्छा ,
उसकी यादों को मगर दिल में बसाना अच्छा।

मिलना अच्छा है, जुदाई भी कोई गम तो नहीं,
चार दिन की ये ज़िन्दगी, दोनों को निभाना अच्छा।

www.ingramcontent.com/pod-product-compliance
Lightning Source LLC
Chambersburg PA
CBHW070653240926
51846CB00003BA/901
* 9 7 8 9 3 7 5 4 3 8 3 5 9 *